MISTERIOS DE LOS MAYAS

EDICIÓN PATHFINDER

Por Brent Goff y Kenneth Garrett

CONTENIDO

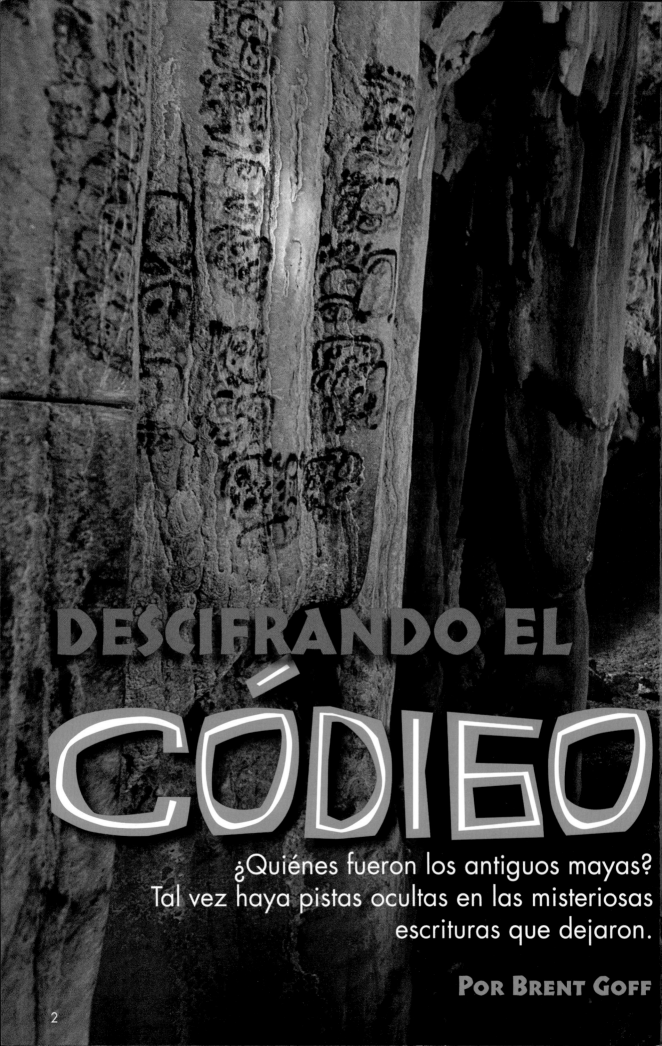

DESCIFRANDO EL
CÓDIGO

¿Quiénes fueron los antiguos mayas?
Tal vez haya pistas ocultas en las misteriosas
escrituras que dejaron.

POR BRENT GOFF

David Stuart recorrió un camino lleno de lodo en la profundidad de la selva tropical de Guatemala. Los mosquitos revoloteaban alrededor suyo y los monos conversaban desde los árboles.

El joven de 15 años secó el sudor de sus ojos y continuó caminando. El año era 1980. Meses antes, dos agricultores locales habían encontrado una caverna subterránea con deslumbrantes pinturas y largas líneas de escrituras misteriosas en las paredes.

Ahora, David y su padre, un arqueólogo de National Geographic, viajaban para ver los secretos de la caverna con sus propios ojos. Siendo ya un estudiante avanzado de la historia maya, David sabía que los mayas habían construido grandes ciudades en estas selvas, pero aún tenía interrogantes. ¿Cómo vivían? ¿Por qué abandonaron estas ciudades hace muchos años?

Finalmente, los Stuart llegaron a la caverna. Después de pasar por mínimas aberturas y escalar por las rocas, llegaron a su destino y un rayo de luz iluminó una pared.

EL MISTERIO MAYA

La curiosidad de David iba aumentando a medida que observaba los dibujos y **jeroglíficos,** o glifos, en las paredes. Estaba observando una antigua escritura maya. Estaba ansioso por saber qué decían los glifos. ¡Tal vez podría ayudar a resolver los misterios de los mayas!

La **labor** para descifrar el código maya, o el acertijo de la escritura maya, comenzó hace 170 años, mucho antes del nacimiento de David. En ese entonces, las ciudades mayas eran consideradas una leyenda, y muchas personas se preguntaban si realmente existían.

En 1839, dos exploradores decidieron descubrirlo. Se aventuraron por las densas y oscuras selvas de América Central, donde descubrieron pirámides envueltas en enredaderas y glifos grabados en piedra. Con el paso del tiempo, los exploradores visitaron las ruinas de 44 ciudades mayas. El libro que escribieron sobre sus hallazgos inspiró a otros a desear conocer más acerca de los mayas.

3

EXCAVACIÓN PARA ENCONTRAR PISTAS

Los arqueólogos comenzaron a excavar para encontrar respuestas, literalmente. Con el paso del tiempo, encontraron edificios, campos de pelota e incluso tumbas que habían sido sepultadas por la selva. Encontraron vasijas, joyas y otras pistas para saber cómo vivieron los mayas en el pasado remoto.

Las pistas indican que los mayas vivieron entre el año 250 d.C. y 900 d.C. en ciudades sorprendentemente grandes. Las ruinas de Tikal en Guatemala, por ejemplo, incluyen 3000 edificios de piedra, y alrededor de 90.000 personas vivieron en ellos. A medida que continuaron explorando, los arqueólogos descubrieron que los mayas no tenían herramientas de metal; ¡pero aún así construyeron pirámides y templos de 40 metros (130 pies) de alto!

Los arqueólogos también descubrieron que cada ciudad formaba un país pequeño gobernado por un rey. Las imágenes de los respetados monarcas se pintaron y grabaron en numerosos lugares públicos. Otros tipos de arte dieron pistas a los arqueólogos acerca de la cultura maya. Por ejemplo, algunas muestras del arte maya exhiben un juego violento con una pelota de caucho. ¿Qué tan violento? Los jugadores que perdían lo pagaban con su vida.

EL MISTERIO DE LOS GLIFOS

Los arqueólogos también encontraron numerosos glifos. Los mayas grabaron glifos en las escaleras de las pirámides y esculturas de piedra y en las paredes de los edificios y en vasijas.

Estos hallazgos fomentaron la búsqueda por **descifrar** el código maya. Los epigrafistas, o expertos en escritura antigua, estudiaron los glifos. Tal vez los glifos eran tan solo imágenes, ¿pero si constituían una forma de escritura? Los descifradores de códigos se preguntaron si los mayas habían dejado un "mapa" para leer los glifos.

A comienzos del siglo XIX, el mundo vibró de entusiasmo por el hallazgo de la piedra Rosetta. Descubierta en Egipto en 1799, la piedra contenía antigua escritura egipcia y griega. Los **académicos** sabían leer griego, por lo que la usaron para descifrar los jeroglíficos egipcios. Los académicos de la cultura maya se preguntaron si los jeroglíficos también tenían una piedra Rosetta.

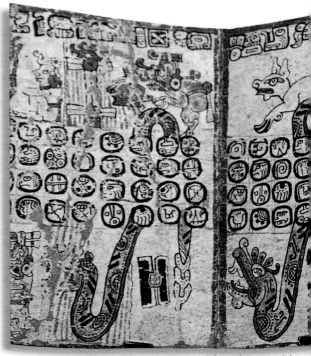

Hechos de los libros. *Los glifos de este libro para plantar maíz y recolectar miel.*

CRONOGRAMA

250–900	1500s	1799
La antigua civilización maya ocupa América Central.	Los españoles comienzan su conquista de América Central.	La piedra Rosetta se usa como clave para comprender los jeroglíficos egipcios.

PRIMEROS INDICIOS

¡La búsqueda había comenzado! Las pistas llevaron a los descifradores de códigos a Europa. Sabían que en el siglo XVI, los españoles habían conquistado partes de América Central. Tal vez algunos de los conquistadores españoles se habían llevado tesoros mayas.

A mediados del siglo XIX, los descifradores de códigos encontraron tres libros mayas. Descubrieron dos en bibliotecas de Alemania y Francia, y una familia española tenía el tercero. Los académicos ahora tenían más glifos para estudiar e intentar descifrar.

Luego, en 1862, los descifradores de códigos mayas realizaron un gran descubrimiento, o por lo menos eso esperaban. Uno de ellos encontró un antiguo libro escrito por el sacerdote español Diego de Landa, que había vivido con los mayas en el siglo XVI. En su libro, Landa identificó algunos glifos con letras del alfabeto español. ¿Era la clave para descifrar los glifos mayas?

SEGUIDORES DEL TIEMPO

Los descifradores de códigos intentaron usar el alfabeto Landa para leer los libros mayas, pero no pudieron comprender los glifos. Aun así, no se rindieron.

En la década de 1880, un académico observó un patrón de barras y puntos en los glifos y se dio cuenta de que los mayas tenían un sistema para contar. Los mayas incluso dibujaban una caracola de mar para representar el cero.

La matemática maya condujo rápidamente a otro gran descubrimiento: los glifos estaban llenos de números. Una vez que los académicos pudieron leer esas barras y puntos, se dieron cuenta de que muchos números representaban fechas. ¡Los mayas tenían un calendario!

Los mayas escribían las fechas para registrar el movimiento de las estrellas y los planetas. Es así como llevaban registro del tiempo. Incluso usaron la posición cambiante del planeta Venus para planificar las guerras. Si podían ver a Venus en el cielo occidental, ¡era un buen momento para pelear!

an los mejores días

Tallado de reyes. *Para celebrar una victoria en una batalla, los mayas hicieron este tallado de madera del gobernante de Tikal.*

1839	**1862**	**1880s**	**1980**
Los exploradores descubren las ruinas mayas.	El libro de Landa equipara ciertos sonidos fonéticos con algunos glifos mayas.	Los académicos descubren los números y el calendario maya.	David Stuart descubre que las palabras mayas pueden escribirse de varias formas.

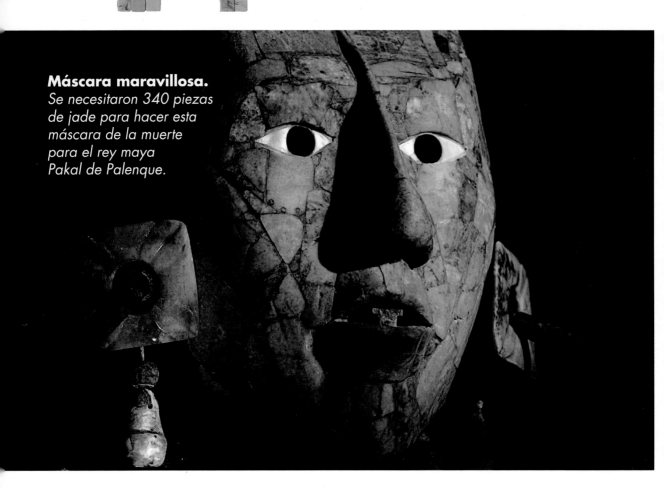

Máscara maravillosa.
Se necesitaron 340 piezas
de jade para hacer esta
máscara de la muerte
para el rey maya
Pakal de Palenque.

DESCIFRANDO EL CÓDIGO

Para la década de 1950, los descifradores de códigos habían
identificado 800 glifos, pero aún no podían leer la mayoría
de ellos. ¿Sería que sus significados se habían perdido para
siempre?

Entonces los descifradores de códigos lentamente
comenzaron a ver algunos patrones en los glifos.
Algunos parecían ser los nombres de lugares, en tanto
que otros representaban palabras, como "nació" o
"murió". Estos glifos con frecuencia tenían grabados
de personas a su lado. ¡Seguramente contaban la
historia de gobernantes mayas!

Los descifradores de códigos también se dieron
cuenta de que muchos glifos eran fonéticos, o
representan sonidos, no palabras. El "alfabeto" de
Landa comenzó a tener sentido, y para 1980 los
descifradores de códigos lograron entender
alrededor del 75 por ciento de los glifos.

Buscando etiquetas. ¿Para qué se usaba
esta vasija? Hay una pista escrita en ella.
El glifo del medio en el borde representa la
palabra cacao, que significa "chocolate".

LA CLAVE DE LA CAVERNA

Ese fue el año en que David realizó su acalorado viaje a la caverna. El adolescente ya se sentía **intrigado** por los glifos. Miró la pared de la caverna y sintió que su entusiasmo crecía. David leyó una fecha: 741 d.C.

David miró una palabra cercana. Pensó que era Pax, el nombre del 16° mes en el calendario maya. Pero se veía diferente. La pronunció: Pa-xa. Era Pax, pero escrito diferente. David acababa de leer un glifo maya que ningún descifrador de código había decodificado antes.

David se convirtió en un epigrafista maya, o experto en los glifos mayas. Con el tiempo, sus descubrimientos lo ayudaron a descubrir una nueva forma de leerlos. Los mayas dibujaban diferentes glifos para representar los mismos sonidos. Se asemeja un poco al inglés, donde la "f" y la "ph" se ven diferentes pero suenan igual.

Tomó décadas de trabajo duro; ¡pero David y otros epigrafistas descifraron el código maya! Después de eso, fue posible aprender más acerca de las vidas de los antiguos mayas.

COMPARTIENDO SECRETOS

Mientras tanto, los arqueólogos continúan descubriendo numerosos secretos de los mayas. Sin embargo, los artefactos arqueológicos no cuentan la historia completa. Afortunadamente, los glifos ayudan a completar los detalles. Algunos cuentan sobre el auge y la caída de familias reales, mientras que otros cuentan de líderes con nombres tales como Nace el Fuego y Pájaro Jaguar.

Los académicos alguna vez pensaron que los mayas amaban la paz, pero los glifos cuentan una historia diferente. Algunos describen sangrientas batallas y guerras lideradas por reyes mayas hambrientos de poder.

Los glifos también ofrecen pistas sobre la vida cotidiana. Por ejemplo, los arqueólogos pensaban que los gobernantes mayas bebían chocolate. Los glifos ayudaron a comprobarlo. Un día, David leyó un glifo en una vasija de arcilla que decía cacao, o "chocolate". ¡Los científicos le hicieron pruebas a una vasija similar con el mismo glifo escrito, y aún contenía trozos de chocolate en su interior!

LOS MISTERIOS CONTINÚAN

En la actualidad, los descifradores de códigos pueden leer alrededor del 95 por ciento de los glifos mayas. Sin embargo, esto no ha resuelto todos los misterios de los mayas. Después del año 900 d.C., la mayoría de las ciudades mayas se vaciaron, pero los glifos no explican qué sucedió. Tal vez los mayas se quedaron sin alimentos o tuvieron demasiadas guerras.

Los interrogantes siguen en pie, pero los nuevos hallazgos aumentan el conocimiento sobre los mayas. No hace mucho, David visitó las ruinas mayas en San Bartolo, Guatemala. Vio glifos escritos entre los años 300 y 200 a.C. pintados en una pared. ¡Era la escritura maya más antigua que se había encontrado! Ahora estaba un paso más cerca de saber cuándo los mayas aprendieron a escribir.

¿Qué secretos poseen los glifos? Nadie está seguro. Se ven diferentes, y muchos aún no pueden leerse. Los descifradores de códigos tienen un nuevo acertijo por descubrir. Así, la búsqueda continúa para encontrar los significados de los glifos y asegurarse de que nunca se vuelvan a perder.

VOCABULARIO

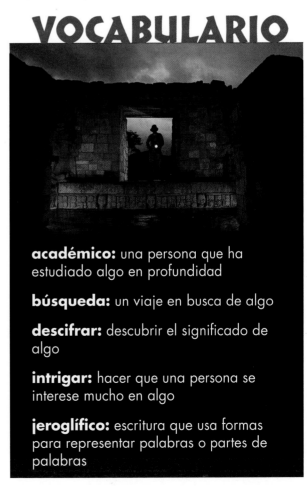

académico: una persona que ha estudiado algo en profundidad

búsqueda: un viaje en busca de algo

descifrar: descubrir el significado de algo

intrigar: hacer que una persona se interese mucho en algo

jeroglífico: escritura que usa formas para representar palabras o partes de palabras

¿Adónde se fueron?

Por Kenneth Garrett
FOTÓGRAFO DE NATIONAL GEOGRAPHIC

Gran ciudad. *Palenque fue una de las ciudades más grandes de los mayas. La torre que aparece a la izquierda forma parte de un gran palacio de piedra.*

Un mundo perdido se oculta en las selvas de América Central. Cientos de ciudades y pueblos yacen entre esos árboles. En algún momento alojaron a millones de amerindios conocidos como los mayas.

Hoy esas ciudades están vacías. Los árboles y enredaderas cubren los viejos edificios, y muchos templos, en otro tiempo orgullosos, ahora están en ruinas.

¿Qué sucedió con los mayas? ¿Por qué huyeron de sus hermosas ciudades? Los arqueólogos han formulado estas preguntas por años.

Y yo también. Como fotógrafo de National Geographic, he presenciado los nuevos descubrimientos que **revelan** respuestas a las preguntas de la civilización maya, que floreció entre el año 250 y 900 d.C.

En un trabajo reciente visité la antigua ciudad maya de San Bartolo, donde se están excavando actualmente los restos más antiguos de la civilización maya.

Algunos aspectos de los primeros mayas

Las personas comenzaron a construir San Bartolo hace unos 2500 años. Construyeron grandes pirámides de piedra, incluida una de alrededor de 30 metros (98 pies) de alto. Para los mayas, las pirámides representaban las montañas, que los mayas consideraban sagradas porque se estiraban hacia el cielo.

La ciudad de San Bartolo contiene muchas sorpresas. En la base de una pirámide hay una sala llena de hermosos **murales** que los artistas mayas pintaron hace alrededor de 2100 años.

Cuando los científicos descubrieron los murales hace apenas unos años, fue un gran descubrimiento. Anteriormente, los arqueólogos no sabían que los mayas eran artistas tan talentosos.

Una **tumba** con el cuerpo de un rey yace al oeste de la pirámide. Antes de encontrar la tumba en 2005, los científicos no habían encontrado a ningún rey de la primera época de los mayas.

Además, los científicos encontraron algunos glifos cerca de allí. Los símbolos representan parte de la escritura maya más antigua descubierta y pueden indicar pistas sobre su desarrollo.

Claramente, San Bartolo es un valioso hallazgo para los académicos mayas, pero no es el único lugar de los mayas.

Gran momento. *Esta parte de los murales en San Bartolo muestra la coronación de un rey maya.*

Ciudades de piedra

Uno de mis yacimientos mayas favoritos es Copán, una de las más grandes ciudades mayas.

Hace alrededor de 1600 años, Copán era tan solo un pequeño pueblo, con tal vez 3000 residentes. Luego, a lo largo de cientos de años, sus gobernantes comenzaron a construir templos y pirámides, uno tras otro.

Un rey construía algo; luego un nuevo rey construía algo encima. Como resultado, el lugar es como un gran pastel con capas de historia maya.

La ciudad de Copán creció con sus edificios. Con el paso del tiempo, unas 20.000 personas vivieron allí. Por supuesto, Copán era pequeña en comparación con Tikal.

Hace alrededor de 1300 años, unas 90.000 personas vivían en Tikal. Trabajaban y vivían en unos 3000 edificios importantes que incluían plazas, palacios y pirámides. Sumergida en la jungla de Guatemala, la ciudad de Tikal es uno de los lugares más bellos que he visto.

Aún hoy pueden verse partes de Copán y Tikal. Son impresionantes. Son incluso más impresionantes cuando se sabe que los mayas no usaron ruedas para mover las piedras, y que no tenían caballos para tirar de las cargas pesadas. Hicieron todo este trabajo solos.

La vida de los mayas

¿Quién vivió en estas grandes ciudades y cerca de ellas? La mayoría de los mayas eran personas comunes que vivían en casas de madera en las afueras de la ciudad.

Allí cultivaban maíz, que era su principal alimento. Los hombres cultivaban el maíz, y las mujeres lo molían para hacer harina y cocinar tortas planas llamadas tortillas.

Algunas personas tenían habilidades especiales. Eran artistas, alfareros, tejedores, escritores y más. Una de las habilidades más destacadas del pueblo maya era su capacidad de predecir los cambios en el cielo. Representaron las rutas de la Luna, los planetas y las estrellas. Los astrónomos y otros trabajadores con habilidades similares vivían en pequeñas casas de piedra.

Y además estaban los gobernantes. Los reyes y nobles mayas deseaban que las personas los consideraran dioses, por lo que vivían a lo grande. Una vez tomé fotos de un **palacio** maya en la antigua ciudad de Palenque.

El palacio era un enorme edificio de piedra con muchas habitaciones y bellos grabados. ¡Claramente, este hogar perteneció a alguien importante!

Hace unos 1200 años, los mayas ya habían ocupado la zona durante cientos de años y parecía que la vida nunca cambiaría. Y entonces cambió.

Hombre pájaro.
Las personas usaban esta vasija de arcilla para quemar incienso. La figura es un guerrero maya con un casco de águila.

¿En el aire? Los mayas modernos intentan remontar una cometa tradicional. Algunas cometas tienen 8 metros (25 pies) de largo.

Tiempos difíciles

El cambio llegó rápidamente al mundo maya. Las grandes ciudades de la jungla dejaron de crecer y las personas dejaron de construir grandes edificios. Luego se mudaron, y muy pronto quedaron vacías ciudades enteras.

¿Qué sucedió? Nadie lo sabe. Una teoría dice que la guerra constante debilitó las grandes ciudades. Otra teoría dice que la agricultura maya destruyó la tierra. La **sequía** probablemente también haya perjudicado a los mayas. Sin lluvia, no podían cultivar los alimentos que necesitaban para sostener a su gran población.

Sin embargo, la historia de los mayas no termina aquí. El pueblo maya no desapareció. Al norte de la jungla aparecieron nuevas ciudades que vivieron por varios cientos de años.

Luego llegaron los españoles, que conquistaron América Central hace alrededor de 500 años. Eso trajo cambios para los mayas. Muchos mayas, por ejemplo, comenzaron a hablar español.

Grandes momentos maya

En realidad, los mayas no se "fueron" a ningún lado. Los descendientes de los antiguos mayas viven en la actualidad. Hablan los idiomas de los mayas y practican muchas costumbres antiguas. En una visita, tuve la suerte de presenciar una de estas costumbres.

Las personas remontaban cometas grandes y redondas como lo hacían los mayas en la antigüedad. Las cometas representan mensajes a familiares muertos. Todos intentaban remontar sus cometas lo más alto posible, para que sus mensajes llegaran al cielo.

Fotografiar esas cometas fue un gran momento. Me demostró que la cultura maya aún vive. En realidad, fotografiar el mundo maya está lleno de grandes momentos. ¡Me muero porque llegue el próximo!

Vocabulario

mural: gran pintura en una pared

palacio: hogar de un rey u otro gobernante

revelar: hacer conocido

sequía: falta de lluvia

tumba: edificio donde se conserva el cuerpo de una persona muerta

11

NUMEROSOS MISTERIOS

Conviértete en descifrador de códigos.
Encuentra las respuestas a estas preguntas
acerca de los mayas.

1 ¿Por qué es tan importante el trabajo de David Stuart?

2 Observa el cronograma. ¿Qué sucedió en el siglo XVI? ¿Cómo ayuda este evento a comprender la historia de los mayas?

3 ¿Cómo explica Kenneth Garret hacia dónde fueron los mayas?

4 Compara la civilización maya con la civilización del antiguo Egipto.

5 ¿Cómo ayudaron David Stuart y Kenneth Garrett a salvar una parte del mundo?